¡Croac-croac! Ésta es una rana.

¿Cómo crece una rana?

Un diminuto animal crece.

La madre pone muchos huevos. Algunas ranas ponen los huevos en la tierra, pero la mayoría los pone en el agua. Una espesa baba cubre los huevos para protegerlos. Dentro de cada huevo crece un diminuto animal.

5

El **renacuajo** sale del huevo.

El diminuto animal crece durante un mes, aproximadamente. Después sale del huevo. Ahora, el animal es un renacuajo. Parece un pececito negro. Para respirar usa una parte del cuerpo llamada **branquias**.

Crece la cola.

El joven renacuajo es pequeño y débil. Todavía no puede nadar. Con la boca, se aferra a una planta o piedra. Le comienza a crecer la cola.

El renacuajo comienza a nadar.

El renacuajo mueve la cola para nadar. Nadar le da hambre. ¿Qué hará?

El renacuajo comienza a comer.

El renacuajo come diminutas plantas que crecen bajo el agua. Algunos también comen huevos de rana. ¡Otros hasta comen renacuajos! Al comer, el renacuajo crece.

Crecen las patas traseras.

Aparecen dos bultos cerca de la cola del renacuajo. Los bultos crecen y se convierten en las patas traseras. El renacuajo patea para nadar mejor.

Crecen las patas delanteras.

Aparecen otros dos bultos cerca de la cabeza, que se convierten en las patas delanteras. Dentro del cuerpo, comienzan a crecer los **pulmones**. Los pulmones le permiten al renacuajo respirar aire.

El renacuajo sale del agua.

El renacuajo ahora tiene patas para saltar y caminar, y tiene pulmones para respirar aire. Ya puede vivir en la tierra. Sale del agua y se convierte en una **rana joven**.

Se encoge la cola.

La rana joven atrapa insectos para comer en la tierra. Algunas también atrapan su alimento en el agua. La rana joven nada con las patas: ya no necesita la cola para nadar. Lentamente, la cola se encoge.

¡Hola, rana!

La rana joven se convierte en rana adulta cuando pierde la cola. ¡Pasó de renacuajo a rana!

Glosario

branquias: parte del cuerpo que sirve para respirar bajo el agua

pulmones: parte del cuerpo que sirve para respirar aire

rana joven: forma de la rana cuando ha abandonado el agua pero todavía tiene cola

renacuajo: forma de la rana cuando sale del huevo

Índice